AF601168

8 Novembre 1907 V

VENTE

Des Vendredi 8 et Samedi 9 Novembre 1907

HOTEL DROUOT, SALLE Nº 11

A DEUX HEURES PRÉCISES

EXPOSITION PUBLIQUE

Le Jeudi 7 Novembre 1907

De 1 h. 1/2 à 6 heures

Collection de M. MICHEL

ANCIEN ANTIQUAIRE A PARIS

PREMIÈRE VENTE

Objets de Curiosité

FAIENCES ANCIENNES

PORCELAINES, OBJETS DE VITRINE

Armes — Bronzes

MEUBLES — TAPISSERIE

COMMISSAIRE-PRISEUR

Me MAURICE DELESTRE

5, rue Saint-Georges

EXPERT

M. GUSTAVE LEGAY

57, rue Condorcet

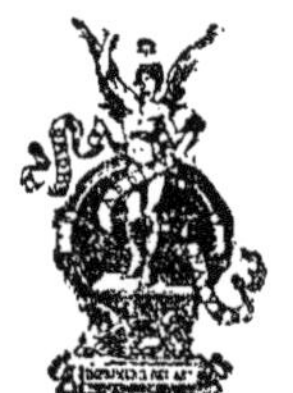

CATALOGUE

DES

OBJETS DE CURIOSITÉ

FAIENCES ANCIENNES

PORCELAINES, OBJETS DE VITRINE

Boîtes, Miniatures, Éventails

ARMES — BRONZES

MEUBLES — TAPISSERIE

COMPOSANT LA

Collection de M. MICHEL

ANCIEN ANTIQUAIRE A PARIS

DONT LA VENTE AURA LIEU

HOTEL DROUOT, SALLE N° 11

Les Vendredi 8 et Samedi 9 Novembre 1907

A DEUX HEURES PRÉCISES

COMMISSAIRE-PRISEUR

Mᵉ MAURICE DELESTRE

5, rue Saint-Georges

EXPERT

M. GUSTAVE LEGAY

57, rue Condorcet

EXPOSITION PUBLIQUE

LE JEUDI 7 NOVEMBRE 1907, de 1 h. 1/2 à 6 heures

CONDITIONS DE LA VENTE

Elle sera faite au comptant.

Les adjudicataires paieront *dix pour cent* en sus des enchères.

ORDRE DES VACATIONS

Le Vendredi 8 Novembre 1907

Anciennes Faïences de Delft	1 à 147
Porcelaines européennes, Chine et Japon.	326 à 366
Objets de vitrine : Boîtes, Croix, Eventails, etc., etc	414 à 449

Le Samedi 9 Novembre 1907

Anciennes faïences : Delft, Strasbourg, etc.	148 à 325
Suite des Anciennes Porcelaines.	367 à 413
Suite des Objets de vitrine : Miniatures, Terres cuites, etc	450 à 473
Armes, Bronzes, Meubles, Tapisseries . .	474 à 505

Paris. — Imp. de l'Art, Ch. Berger et Cie, 41, rue de la Victoire.

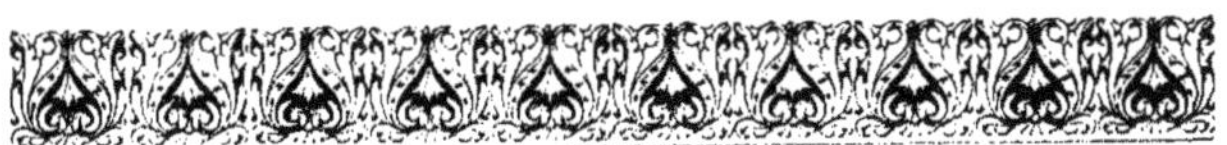

OBJETS D'ART ET D'AMEUBLEMENT

DÉSIGNATION

FAIENCES ANCIENNES

1 — AVIGNON. Sucrier et couvercle, fleur sur fond jaune polychrome.

2 — AVIGNON. Petit sucrier, fleur sur fond jaune polychrome.

3 à 7 — DELFT. Six assiettes, décor japonais bleu sur blanc.

8 à 10 — DELFT. Quatre assiettes, décor japonais bleu sur blanc.

11 à 16 — DELFT. Six assiettes, décor bleu sur blanc : Sujets chinois.

17-18 — DELFT. Deux assiettes, décor bleu sur blanc : Paysage.

19 à 22 — DELFT. Trois assiettes, décor japonais bleu sur blanc.

23 — DELFT. Petit plat, décor polychrome.

24 — Delft. Assiette polychrome.

25 — Delft. Assiette polychrome.

26 — Delft. Assiette : Sujet polychrome.

27 — Delft. Assiette : Sujet polychrome.

28-29 — Delft. Deux assiettes, décor polychrome.

30 à 38 — Delft. Huit assiettes, décor bleu sur blanc.

39-40 — Delft. Deux assiettes, décor bleu sur blanc.

41 à 43 — Delft. Trois assiettes à fromage, décor bleu sur blanc.

44 — Delft. Plat, décor bleu sur blanc.

45-46 — Delft. Deux compotiers, décor bleu sur blanc.

47 à 50 — Quatre petits bols octogones, décor bleu sur blanc.

51 — Delft. Petite salière sur pied.

52 — Delft. Assiette, décor bleu sur blanc : Dragon et ornement.

53 — Delft. Assiette, décor bleu sur blanc.

54 à 57 — Delft. Quatre assiettes, décor bleu sur blanc.

58-59 — Delft. Deux petites assiettes, décor polychrome.

60-61 — Delft. Deux assiettes, décor polychrome.

62 — Delft. Plat rond, décor : fleur dans les compartiments, polychrome.

63-64 — DELFT. Deux plats oblongs à bordure dentelle, décor : Fleur dans les compartiments, polychrome.— Diam., 26 cent.; 21 cent.

65 — DELFT. Plateau forme contournée, décor bleu sur blanc.

66-67 — DELFT. Deux plateaux forme contournée, décor bleu sur blanc.

68 à 71 — DELFT. Trois assiettes, décor bleu sur blanc.

72 — DELFT. Plateau forme contournée, décor bleu sur blanc.

73 — DELFT. Deux pièces à fromage et plateau forme contournée, décor bleu sur blanc.

74 — DELFT. Petit crachoir, décor sur blanc.

75 — DELFT. Potiche, décor scène chimère. — Haut., 32 cent.

76-77 — DELFT. Deux petits bols octogones, décor bleu sur blanc.

78-79 — DELFT. Deux petites salières.

80 — DELFT. Plateau sur pied ajouré, à forme contournée, bleu sur blanc.

81-82 — DELFT. Deux assiettes : Sujet et fleurs, décor polychrome.

83-84 — DELFT. Trois petites vaches, décor polychrome.

85-86 — DELFT. Deux petits sabots, décor polychrome.

87 — DELFT. Assiette représentant le mariage, faïence anglaise, décor polychrome.

88 — Delft. Potiche avec couvercle, décor chinois et ornements en bleu sur blanc. — Haut., 35 cent.

89 — Delft. Assiette, décor fleurs dans les compartiments, bleu sur blanc.

90-91 — Delft. Deux assiettes, décor fleurs dans les compartiments.

92 — Delft. Moutardier et couvercle.

93 — Delft. Potiche : Sujet chinois.— Haut., 21 cent.

94 — Delft. Potiche avec couvercle, bleu sur blanc, décor chinois. — Haut., 40 cent.

95 — Delft. Cornet bleu, médaillon en jaune sur blanc : Paysage et ornement. — Haut., 24 cent.

96 — Delft. Potiche à pans coupés, côtelée, avec couvercle, décor bleu sur blanc. — Haut., 38 cent.

97-98 — Delft. Deux assiettes, faïence anglaise, décor : Sujet religieux, polychrome.

99 à 102 — Delft. Trois petites assiettes, décor polychrome.

103 — Delft. Assiette, faïence anglaise, décor polychrome, avec sujet et inscriptions.

104-105 — Delft. Deux bols, décor polychrome.

106 — Delft. Petite coupe sur pied, décor bleu sur blanc.

107 — Delft. Petite coupe sur pied, décor bleu sur blanc : Sujet militaire.

108 — Delft. Assiette, décor bleu sur blanc, avec armoiries.

109 — DELFT. Assiette, avec armoirie bleue sur blanc.

110 — DELFT. Plat, décor bleu sur blanc. — Diam., 34 cent.

111 — DELFT. Compotier, décor bleu sur blanc, à cadran et fleur.

112 — DELFT. Petit plat, décor bleu sur blanc.

113 — DELFT. Deux petits plats, décor fleurettes, bleu sur blanc.

114 — DELFT. Cornet octogone, décor fleur, bleu sur blanc. — Haut., 27 cent.

115-116 — DELFT. Deux bols à anses, décor bleu sur blanc.

117-118 — DELFT. Deux petits crachoirs à bords côtelés, décor bleu sur blanc.

119 — DELFT. Bouteille, décor bleu sur blanc.

120 — DELFT. Pot à tabac-potiche, décor bleu sur blanc.

121 — DELFT. Cornet, décor bleu sur blanc. — Haut., 30 cent.

122 à 141 — DELFT. Dix-neuf assiettes et plats, décor bleu sur blanc.

142 à 144 — DELFT. Trois grands plats, décor bleu sur blanc.

145 — DELFT. Plateau oblong, décor bleu sur blanc : Arbuste et oiseau.

146-147 — DELFT. Deux petits plats octogones, décor bleu sur blanc.

148 à 150 — Delft. Quatre assiettes, décor bleu sur blanc : Branchage et oiseaux.

151-152 — Delft. Deux petites assiettes, décor bleu sur blanc : Branchage et sujet.

153 à 159 — Delft. Six petites assiettes, décor bleu sur blanc : Fleur et sujet.

160 à 168 — Delft. Plats et assiettes, décor bleu sur blanc.

169 à 180 — Delft. Onze petites assiettes, décor bleu sur blanc.

181-182 — Delft. Deux petits plats octogones, décor chinois bleu sur blanc.

183 — Delft. Assiette, décor bleu sur blanc.

184 — Delft. Potiche ronde et couvercle, décor bleu sur blanc : Fleur. — Haut., 48 cent.

185 — Delft. Potiche, décor bleu sur blanc, dans des compartiments fleuris. — Haut., 38 cent.

186 — Delft. Potiche, décor chinois bleu sur blanc. — Haut., 38 cent.

187 — Delft. Deux potiches, décor bleu sur blanc : Fleurs et oiseaux.

188 à 190 — Delft. Trois petits vases, décor bleu sur blanc.

191 — Delft. Deux petites potiches octogones, décor bleu sur blanc. — Haut., 18 cent.

192 — Delft. Surtout, compartiment, décor et ornement bleu sur blanc : Fleur.

193 — Delft. Deux petits cornets à pans coupés, bleu sur blanc.

194 — Delft. Salière sur trois pieds, bleu sur blanc.

195 à 197 — Delft. Trois petites pyramides sur socles en relief, décor : Fleur et fruits, polychrome.

198 — Delft. Moutardier et couvercle à anse, décor violet sur blanc.

199 — Delft. Assiette, décor : Bouquets de fleurs, polychrome.

200 — Delft. Porte-huilier et deux burettes avec couvercles à pans coupés (de Révérand Claude), décor polychrome.

201 — Delft. Vase, tube faïence (de Révérand Claude). — Haut., 15 cent ; diam., 10 cent., décor polychrome.

202 — Hanong (Les) de Strasbourg. Pot à pommade avec couvercle et dessous, en faïence, décor polychrome.

203-204 — Hanong (Les) de Strasbourg. Deux pommes de canne, porcelaine, décor polychrome.

205 — Hanong (Les) de Strasbourg. Deux assiettes, faïence, décor : Fleurs, polychrome.

206 — Hanong (Les) de Strasbourg. Sucrier et couvercle, faïence, décor polychrome.

207 — Hanong (Les) de Strasbourg. Plateau, faïence, décor bleu polychrome.

208 — Islettes (Les). Meuse. Assiette, décor : Oiseau, polychrome.

209 — Lorraine. Deux statuettes, décor : Le Savoyard et la Montreuse de marionnettes, polychrome.

210 — Lorraine. Tasse et soucoupe, décor chinois polychrome.

211-212 — Lunéville. Deux pots à pharmacie, avec couvercles en faïence, décor polychrome.

213 — Marseille. Petit plat oblong, décor polychrome.

214 — Marseille. Assiette, décor bleu polychrome.

215 — Marseille. Plat oblong, décor polychrome.

216-217 — Marseille-Strasbourg. Sept assiettes, décor polychrome.

218 — Marseille. Cache-pot, décor : Bouquet de fleurs, polychrome ; le haut et le pied entourés d'étain. — Haut., 17 cent.

219 — Marseille. Petite jardinière, décor : Paysage et cavalier, polychrome.

220-221 — Marseille. Deux compotiers, décor chinois polychrome.

222 — Marseille. Assiette, décor : Sujet chinois polychrome, de la *veuve Perrin*.

223 — Marseille. Assiette, décor : Oiseaux et fleur verte, de la *veuve Perrin*.

224 — Marseille. Assiette, décor : Sujet chinois polychrome.

225 — MARSEILLE. Tasse et soucoupe, décor : Oiseau, polychrome.

226 à 229 — MARSEILLE-STRASBOURG. Trois petits plats, décors variés en polychrome.

230 — MARSEILLE. Couvert, couteau, fourchette, décor fleurettes vertes.

231 — MARSEILLE. Petite jardinière-cache-pot, avec anses, torses, décor : Bouquet de fleurs, polychrome.

232 — MOUSTIERS. Plat oblong, composition d'après *Callot*, décor polychrome, XVIIIe siècle. Diam., 21 cent.; 20 cent.

233 — MOUSTIERS. Porte-huilier, faïence, avec fleurettes, décor polychrome.

234 — MOUSTIERS. Théière, décor bleu sur blanc.

235 — MOUSTIERS. Soucoupe faïence, décor : Oiseau, polychrome.

236 — MOUSTIERS. Assiette, décor : Fleur, polychrome, sujet d'après *Callot*. XVIIIe siècle.

237 — MOUSTIERS. Assiette, décor : Fleur, polychrome. XVIIIe siècle.

238 — MOUSTIERS. Assiette, décor en bleu, sujets d'après *Callot*. XVIIIe siècle.

239 — MOUSTIERS. Assiette, décor vert, sujet d'après *Callot*. XVIIIe siècle.

240-241 — MOUSTIERS ET MARSEILLE. Deux sucriers, décor polychrome. XVIIIe siècle.

242 — MOUSTIERS. Sucrier et couvercle, décor jaune sur blanc. XVIIIe siècle.

243 — MOUSTIERS. Plat oblong, décor : Sujet polychrome, d'après *Callot.* XVIIIe siècle. Diam., 35 cent. — 25 cent.

244 — MOUSTIERS. Plat, décor jaune sur blanc.

245 — MOUSTIERS. Assiette, décor d'après *Callot.* XVIIIe siècle.

246 — MOUSTIERS. Plat oblong, décor vert sur blanc, sujet d'après *Callot.* XVIIIe siècle.

247 — MOUSTIERS. Pot à confitures, décor jaune sur fond blanc : Fleur. XVIIIe siècle.

248 — MOUSTIERS. Plat oblong. décor polychrome. XVIIIe siècle.

249 — MOUSTIERS. Pot et cuvette, décor : Chars et sujet, polychrome. XVIIIe siècle.

250 — MOUSTIERS. Assiette, décor à guirlande, au centre : Char et Amours, polychrome. XVIIIe siècle.

251 — MOUSTIERS. Assiette, armoirie avec inscription : *Chartreux du Port Sainte-Marie.* XVIIIe siècle.

252 à 256 — MARSEILLE ET NEVERS. Quatre soucoupes, faïence, décor : Fleur, polychrome.

257 à 266 — NEVERS ET DELFT Neuf petites assiettes, décor chinois bleu sur blanc : Fleurs .

267-268 — NEVERS. Deux saladiers, décor : Sujet et paysage, polychrome.

269 — Nevers. Bénitier, décor bleu et violet.

270 — Nevers. Petit compotier, faïence côtelée à fleur bleu sur blanc.

271 — Nevers. Assiette, décor bleu sur blanc.

272 — Nevers. Assiette, décor polychrome.

273 — Nevers. Assiette, décor : Fleurs, polychrome.

274 — Patriotique. Gobelet, décor : Trophée avec inscription : *Clodine Sourber* (1791), polychrome.

275 — Patriotique. Assiette creuse, décor avec inscription : *Brutus à Simon. Mort aux traîtres!* polychrome.

276 — Patriotique. Assiette creuse, décor avec inscription : *L'Union et la force et l'abondance.* Municipalité d'Orléans (1792), polychrome.

277 — Patriotique. Assiette, faïence.

278 — Patriotique. Assiette, faïence.

279 — Saint-Omer. Assiette, bouquet de fleurs sur fond bleu sur blanc.

280 — Saint-Omer. Moutardier et couvercle, fleur sur fond bleu et blanc.

281 — Petite Vierge Sainte-Marie, décor polychrome.

282 — Petit pot au lait, faïence : Bouquet de fleur, polychrome.

283 à 286 — Rouen et Custine. Deux pots à crème et petit bol, faïence et porcelaine.

287 — Rouen. Assiette octogone.

288 — Rouen. Cache-pot rond à côtes et anses torses, décor bleu sur blanc : Fleurs et ornements, bordure en étain. — Diam., 16 cent.; haut., 19 cent.

289 — Rouen. Ravier en faïence, forme bateau, à anses, décor bleu sur blanc.

290 — Rouen. Sucrier et couvercle, décor polychrome.

291 — Rouen. Casque en faïence, décor bleu sur blanc.

292 — Rouen. Petite potiche ronde, à côtes, polychrome.

293 — Rouen. Bouteille, faïence, décor bleu sur blanc. xviiie siècle.

294 — Rouen. Potiche avec ornement en bleu sur blanc. xviiie siècle. — Haut., 20 cent.

295 — Rouen. Grand plat rond, décor à la corne : Oiseaux et papillons, polychrome. xviiie siècle.

296 — Rouen. Petit plat octogone, décor polychrome.

297 — Rouen. Plat oblong à double corne d'abondance, décor : Fleur et oiseaux, polychrome. — Diam., 30 cent.

298 — Rouen. Cache-pot à anses, décor bleu sur blanc : Ornement et guirlande de fleurs.

299-300 — Suisse. Deux tasses et soucoupes, décor polychrome.

301 — Strasbourg. Sucrier oblong, avec son plateau et couvercle, décor polychrome.

302-303 — Strasbourg. Deux assiettes, décor chinois polychrome.

304-305 — Strasbourg. Deux assiettes, décor : Fleur de lys, polychrome.

306 — Strasbourg. Assiette, décor : Fleur de lys, polychrome.

307 — Strasbourg. Tasse et soucoupe, décor : Bouquet de fleurs, polychrome.

308 — Strasbourg. Tasse et soucoupe, décor chinois polychrome.

309 — Strasbourg. Tasse et soucoupe, décor chinois polychrome.

310 — Strasbourg. Petite soupière et couvercles à anses, décor polychrome.

311 — Strasbourg. Pot à anses, décor polychrome.

312-313 — Strasbourg. Deux petites assiettes, décor polychrome.

314 — Strasbourg. Pot à crème et couvercle, décor : Fleurs, polychrome.

315 — Strasbourg. Assiette, décor : Bouquet de fleurs, polychrome.

316 — Strasbourg. Plat, décor : Fleurs, polychrome.

317 — Strasbourg. Tasse haute, décor : Fleurs, polychrome.

318 — Strasbourg. Corbeille oblongue ajourée et plateau, décor polychrome.

319 — Strasbourg. Petit sabot, décor polychrome.

320 — Saint-Michel. Assiette, décor polychrome.

321 — Saint-Amand-les-Eaux. Plateau, décor : Bouquet de fleurs, polychrome.

322 — Divers. Dix-huit couvercles de pots, cafetière, pot à pommade, etc., en porcelaine, pâte tendre, décor polychrome. Strasbourg, Delft, etc.

323 — Quinze pièces, poterie romaine : Vases, oiseau, coupes, lampes.

324 — Trois haches en pierre.

325 — Cinq plaques de revêtement, décor : Sujet et ornement, polychrome. xviiie siècle.

PORCELAINES ET DIVERS

326 — Allemagne. Tasse et soucoupe en porcelaine bleue : Bouquets de fleurs.

327 — Chantilly. Tasse et soucoupe, décor bleu : Fleur.

328 — Chantilly. Tasse et soucoupe, décor bleu.

329 — Chantilly. Petit bol en porcelaine, décor bleu : Bouquet de fleurs.

330 à 332 — Chine. Trois petites tasses et soucoupes, décor : Coq, animaux et sujet chinois, polychrome.

333-334 — Chine. Deux tasses et soucoupes, décor : Fleurs, oiseaux et personnages.

335-336 — Chine. Deux tasses et soucoupe.

337 — Chine. Théière et couvercle, famille rose.

338 — Chine. Petit pot à pommade, avec couvercle, décor bleu.

339 — Chine. Sucrier haut en porcelaine de Chine, décor sur fond marron : Fleurs.

340 — Chine et Japon. Trois petits bols en porcelaine.

341 — Verre sans pied en cristal, avec peinture polychrome. Epoque Louis XVI.

342 à 344 — Trois pièces : Verres, salières, en cristal.

345 — Verres à liqueur en cristal taillé et gravé.

346 — Deux vases en cristal taillé, époque Empire, donnés par Napoléon Ier au général Clauzel. — Haut., 28 cent.

347-348 — Deux verres à liqueur en cristal taillé. Epoque Louis XVI.

349-350 — Deux verres en cristal, dont un de forme oblongue.

351-352 — Deux tasses et soucoupes à thé en porcelaine, décor bleu : Fleurettes. Barbeaux.

353 — Pot à lait en porcelaine, décor bleu : Fleurettes. Barbeaux.

354-355 — Dihl. Deux tasses et soucoupes à thé en porcelaine, décor polychrome, bordure grenat et fond vert-d'eau.

356 — Pot en grès, avec ornement, rosaces en relief.

357 — Chope en grès, avec ornement et anse en relief.

358 — INDE. Tasse haute et soucoupe, décor : Fleur, polychrome. XVIIIe siècle.

359 — INDE. Tasses et soucoupes en porcelaine, décor : Amours et fleur, polychrome. XVIIIe siècle.

360 — JAPON. Deux tasses et trois soucoupes, décor bleu.

361 — JAPON. Petite coupe.

362 — JAPON. Deux flacons et verres à fleurs.

363 — JAPON. Plat, décor bleu sur blanc. Diam., 35 cent.

364 — JAPON. Tasse et soucoupe, décor polychrome.

365-366 — JAPON. Deux tasses hautes et soucoupes, décor polychrome.

367 à 369 — JAPON ET CHINE. Trois petits bols et soucoupes, décor polychrome.

370 — JAPON. Assiette, décor polychrome.

371 — JAPON. Petit bol en porcelaine, décor bleu.

372 à 375 — JAPON. Quatre assiettes, décor bleu.

376 — Cheval sur socle en terre de Lorraine. (*Maquette pour le buste équestre du duc Antoine*).

377 — LOUISBOURG. Tasse-soucoupe en porcelaine, décor : Fleur, polychrome.

378 — LOUISBOURG. Tasse et soucoupe, décor : Bouquets et fleurs, polychrome.

379-380 — Louisbourg. Deux tasses et soucoupes en porcelaine, décor : Fleur, polychrome.

381 — Meissen. Tasse et soucoupe, décor : Fleur.

382 — Meissen. Petite coupe oblongue en émail de Saxe, fond verre, et médaillon, fleur sur fond blanc.

383 — Meissen. Tasse haute, décor japonais.

384-385 — Meissen. Deux petites boites en émail de Saxe : Sujet et fleurs.

386 — Niderwiller. Deux tasses et soucoupes en porcelaine, décors : Bouquets de fleurs.

387-388 — Paris. Tasse et soucoupe, décor : Oiseaux, polychrome et fond or.

389 — Paris et Chine. Trois soucoupes en porcelaine.

390-391 — Saint-Clément. Deux tasses hautes en porcelaine, décor chinois polychrome.

392-393 — Saint-Cloud. Deux tasses hautes et soucoupe en pâte tendre, ornement en blanc.

394 — Petite statuette en porcelaine décorée : Danseuse.

395 à 399 — Paris et Sèvres. Cinq tasses et soucoupes, décor polychrome.

400-401 — Sèvres a la Reine. Deux tasses et soucoupes, marque de manufacture de *M. le Duc d'Angoulême.*

402 à 405 — Sèvres. Quatre soucoupes en porcelaine de Sèvres et allemande.

406 — Sèvres. Trente fleurs en pâte tendre pour appliques.

407 — Tournai (Belgique). Tasse et soucoupe, décor bleu avec inscription : Oiseaux.

408 — Tournai (Belgique). Boîte à poudre et couvercle en porcelaine, décor bleu : Fleurs.

409-410 — Tournai. Deux cuillères en porcelaine.

411-412 — Saxe, Tournai et Chantilly. Trois couteaux, manches en porcelaine.

413 — Zurich. Assiettes, décor : Bouquets de fleurs, polychrome.

OBJETS DE VITRINE

BOITES, TABATIÈRE
MINIATURES, ÉVENTAILS, ETC.

414 — Petit bas-relief en albâtre : Naissance du Christ. XVIIe siècle.

415 — Petit ivoire sculpté : Narcisse se mirant dans l'eau. XVIIIe siècle.

416 — Médaillon, cire : Portrait de la princesse Marie, par Reverdy.

417 — Médaillon, cire : Portrait d'homme.

418 — Médaillon, cire : Portrait d'homme, par Buckle (1777).

419 — Médaillon, cire : Portrait d'homme.

420 — Médaillon, cire : Portrait d'homme.

421 — Médaillon, cire : Portrait de Louis XVII, Dauphin de France, par Nini.

422-423 — Deux médaillons, cire : Portrait d'homme.

424 — Médaillon, cire : Portrait d'homme.

425 — Médaillon, cire : Portrait d'homme.

426 — Médaillon, cire : Portrait d'homme.

427 — Médaillon, cire : Portrait d'homme.

428 — Médaillon, cire : Portrait d'homme.

429 — Châtelaine, acier, et ornements dorés. Époque Louis XVI.

430 — Châtelaine, cuivre doré. Louis XVI.

431 — Deux salières Louis XVI, métal argenté, avec godets en bleu.

432-433 — Deux petites boîtes en ivoire sculpté : Paysages avec sujets.

434 — Carnet de bal en ivoire sculpté.

435-436 — Deux petites boîtes rondes en écaille blonde.

437 — Petite boîte longue, pierre dure; garniture en argent.

438 — Deux boucles de souliers en fer, garnies de strass.

439 — Douze couteaux, manches en ivoire. Epoque Louis XVI.

440 — Douze couteaux, manches en nacre, ornements en argent. Époque Louis XVI.

441 — Couteau et fourchette en acier et manches en agathe. XVIIIe siècle.

442 — Deux fourchettes en acier et nacre et cuiller en corne, avec inscription. XVIIIe siècle.

443 — Quatre cuillers et fourchettes en cuivre doré. XVIIIe siècle.

444 — Croix de franc-maçon en argent, ornée de pierres de couleur.

445 — Croix émaillée de Napoléon Ier en argent.

446 — Croix en argent et en émaux de couleur.

447 — Eventail offrant, peint à la gouache sur papier, un sujet pastoral ; monture en nacre gravée et ivoire rehaussé de dorures. Epoque Louis XV.

448 — Eventail, peinture, fleurs sur toile ; monture écaille. Epoque Louis XVI.

449 — Eventail en ivoire, à palmettes.

450 — Portrait d'homme, miniature de l'Empire.

451 — Miniature fixée sur verre, sujet enfant.

452 — Boite ronde en écaille, avec miniature : Homme. Epoque Louis XVI.

453 — Miniature : Portrait d'homme, dans un cadre bois.

454 — Miniature : Portrait d'homme, dans un cadre en bronze doré.

455 — VILLEROY. Bonbonnière avec garniture (sans couvercle), porcelaine, décor chinois polychrome.

456 — Quatorze miniatures : Portraits et couvercle de boites. (Sera divisé.)

457 — Médaillon en terre cuite : Portrait de B. Franklin, Américain. (Nini, 1777.)

458 — Petite statuette : Hercule, en buis sculpté.

459-460 — Deux petites statuettes : Vierges, en buis sculpté.

461 — Petit sabot en buis.

462 — Médaillon : Portrait, enfant, en terre non cuite, de Nini.

463 à 466 — Cinq médaillons : Têtes de femmes en terre cuite, reproduits sur les anciens moules de Nini.

467 — Petit Christ en terre cuite.

468 — Grand buste en terre cuite, socle en marbre rouge royal : Portrait de Marie-Antoinette.— Haut., 85 cent.

469 — Soucoupe, bordure ajourée, en émail de Saxe, décor cartes et fleurs.

470 — Boîte carrée en émail de Saxe, fleur et fruit sur fond noir.

471 — Salière, en émail de Saxe, sur trois pieds, décor de fleur polychrome.

472 — Tabatière, époque Louis XV, creusée dans un bloc d'agathe ancienne.

473 — Tabatière oblongue en écaille mouchetée.

ARMES, BRONZES, BOIS SCULPTÉS MEUBLES ET TAPISSERIE

474 — Fer de lance.

475-476 — Trois yatagans, manches métal et ivoire.

477 — Fusil de chasse à deux coups (*Verdin à Mézières*).

478 — Encrier à pompe, porcelaine décorée, monture bronze. Époque Empire.

479 — Petit bougeoir en cuivre doré et gravé, bordure ajourée. Époque Louis XVI.

480 — Deux chenets en cuivre. Époque Louis XIII.

481 — Deux bras-appliques à deux lumières, bronze doré. Époque Louis XVI.

482 — Deux flambeaux en cuivre. Louis XIII.

483 — Deux appliques en bronze. Louis XIV.

484 — Petit cadre en bronze. Louis XVI.

485 — Quatre petites appliques, têtes d'hommes, en bronze.

486 — Pendule forme lyre en bronze doré, ornement fleur et serpent. Époque Louis XVI.— Haut., 55 c.; larg., 18 cent.

487 à 490 — Quatre plats ronds en étain.

491 — Petit plat en étain, bordure, ornement repoussé.

492 — Trois pièces : crochets, porte-montre et entrée de meuble, cuivre doré. Époque Empire.

493 — Deux petits flambeaux postillon en cuivre poli. Époque Louis XIII.

494-495 — Deux petits cadres ovales à fronton en bois sculpté et doré. Époque Louis XIII.

496 — Petit cadre, garni de strass. XVIIIe siècle.

496 *bis* — Bagdad. Boite-coffret en bois sculpté.

497 — Bagdad. Petit cadre, bois sculpté. XVIIIe siècle.

498 — Bagdad. Cadre bois sculpté, contenant un Christ sculpté. XVIIIe siècle.

499 — Vitrine, marqueterie bois de rose, avec ornement en bronze du XVIIIe siècle.

500-501 — Fronton et guirlande en bois sculpté.

502 — Petit mannequin articulé pour artiste.

503 — Six morceaux en cuir de Cordou.

503 *bis* — Rouet en noyer tourné, avec ornements en ivoire.

504 — Portière en tapisserie d'Aubusson. Verdure. XVIIIe siècle.

505 — Sous ce numéro, objets omis au Catalogue.

www.ingramcontent.com/pod-product-compliance
Ingram Content Group UK Ltd.
Pitfield, Milton Keynes, MK11 3LW, UK
UKHW020521180726
13839UKWH00005B/2218